LA BATALLA DE MARIGNANO

El joven Francisco I y la dura conquista de Milán

Por Emilie Toussaint
En colaboración con Romain Parmentier
Traducido por Laura Soler Pinson

Historia en50MINUTOS.es

LA BATALLA DE MARIGNANO

DATOS CLAVE

- **¿Cuándo?** Del 13 al 14 de septiembre de 1515.
- **¿Dónde?** En Italia, en Marignano (la actual Melegnano), cerca de Milán.
- **¿Contexto?** Las guerras de Italia (1494-1559).
- **¿Beligerantes?** Francia y la República de Venecia contra el ducado de Milán, sus aliados suizos y el papa Alejandro VI (1431-1503).
- **¿Principales protagonistas?**
  - Francisco I, rey de Francia (1494-1547).
  - Hércules Maximiliano Sforza, duque de Milán (1493-1530).
  - Bartolomeo d'Alviano, jefe de guerra veneciano (1455-1515).
  - Mateo Schinner, cardenal suizo (1465-1522).
- **¿Resultado?** Victoria franco-veneciana.
- **¿Víctimas?**
  - Bando francés: cerca de 3500 víctimas.
  - Bando suizo: cerca de 13 000 víctimas.
  - No existe ningún dato preciso sobre el número de víctimas en los bandos veneciano y milanés y en el ejército pontificio.

INTRODUCCIÓN

La batalla de Marignano, también conocida como la «batalla de los Gigantes» por la importancia de sus protagonistas, pero también por lo que está en juego, se desarrolla durante las guerras de Italia, que inicia en 1494 el rey de Francia Carlos VIII (1470-1498) para expandir su reino con posesiones italianas. El conflicto enfrenta a Francisco I, rey de Francia, con quien se alían los venecianos, y al duque de Milán, Hércules Maximiliano Sforza, apoyado por confederados suizos y por el papa Alejandro VI.

Desde su primer año de reinado, Francisco I pone la mira en el Milanesado, territorio que considera que le pertenece por parte de su bisabuela, Valentina Visconti (1370-1408), princesa italiana que se casa con Luis I de Orleans (1372-1407). Por consiguiente, reúne los fondos necesarios para la lucha y ordena los preparativos de las tropas. Cuando llega a los Alpes, se ve obligado a dar un rodeo para atravesar la cordillera, ya que los suizos ocupan los pasos habituales.

El conflicto se desarrolla en dos días, el 13 y el 14 de septiembre, algo raro para la época. La batalla es extremadamente larga y dura: el polvo, el humo de los cañones y los cuerpos que cubren el terreno dificultan las operaciones y desembocan en combates dentro de un mismo bando. Finalmente, la balanza se inclina del lado de los franceses gracias a sus aliados venecianos, liderados por Bartolomeo d'Alviano. En las filas suizas, la derrota es estrepitosa y las pérdidas humanas, numerosas.

CONTEXTO POLÍTICO Y SOCIAL

ITALIA, EL OBJETO DE DESEO

En los siglos XV y XVI, Italia todavía se encuentra dividida en muchos Estados o ciudades-Estado:

- el ducado de Saboya;
- el ducado de Milán;
- la República de Venecia;
- la República de Génova;
- la República de Florencia;
- los Estados pontificios;
- el reino de Nápoles;
- Sicilia y Cerdeña, territorios que forman parte del reino de Aragón;
- algunos pequeños principados (como el marquesado de Mantua o el ducado de Módena), que se sitúan en Italia septentrional.

El ducado de Milán, territorio que estará en juego durante las guerras de Italia, está en manos de los Sforza desde que Francisco Sforza (1401-1466), condotiero (jefe del ejército de mercenarios), expulsó del poder a los Visconti (familia noble de Milán). Por su parte, la Serenísima República de Venecia desempeña un papel fundamental en Italia. Está considerada la más poderosa de las repúblicas italianas y ocupa un territorio mucho más extenso que la laguna donde se fundó la ciudad: sus tierras van desde la llanura del Po hasta las costas del mar Adriático, e incluso alcanzan algunas islas jónicas, como Creta o Chipre. En cuanto a la Toscana, cuenta con un poder económico sin precedentes en la ciudad de Florencia, que se encuentra bajo dominación de los Médicis (familia italiana muy influyente). También abarca las repúblicas de Lucca y de Siena. Por su parte, los Estados pontificios se extienden a ambos lados de los Apeninos. Para acabar, Sicilia se encuentra bajo el control de España, al igual que el reino de Nápoles, que ocupa aproximadamente la mitad sur de la Italia actual.

En la misma época, Francia forma un conjunto coherente, unido y próspero de unos 450 000 kilómetros cuadrados, que tiene entre 15 y 18 millones de habitantes. Se trata del país más poblado de Europa que cuenta con una posición dominante en el continente. Esta nación, que desea extender todavía más su reino y alcanzar un prestigio mayor, ambiciona desde hace tiempo los territorios italianos. En efecto, en el siglo XIII, a petición del papa Urbano IV (1200-1264), Carlos de Anjou (1226-1285), hermano del rey de Francia Luis IX (1214-1270), toma el control del reino de Nápoles. Gracias a este vínculo de parentesco, el rey de Francia obtiene el derecho de aspirar al trono de Nápoles si desaparece la rama familiar de Anjou, algo que se produce unos años más tarde.

En 1442, Alfonso V de Aragón (1396-1458), el rey de Aragón y de Sicilia, toma posesión de Nápoles, territorio que Renato I de Anjou (1409-1480) no consigue reconquistar. Este último fallece en 1480 sin herederos, con lo que se pone fin al linaje. Unos años más tarde, Alfonso V de Aragón cede Nápoles a su hijo ilegítimo Ferrante de Aragón, también llamado Fernando I de Nápoles (1423-1494), que a su vez dejará en herencia el reino a su hijo Federico II (1452-1504). Dado que los descendientes masculinos de Renato I han muerto antes que su padre, el reino de Nápoles podría haber recaído en el rey de Francia, Luis XI (1423-1483), último descendiente de Carlos de Anjou, si hubiese hecho valer sus derechos. Su hijo Carlos VIII (1470-1498) se muestra muy decidido a tomar lo que le pertenece por derecho desde que sube al trono en 1483.

LAS GUERRAS DE ITALIA (1494-1559)

En septiembre de 1494, Carlos VIII, convertido en rey de Francia, lanza la primera campaña de Italia (1494-1495). Aunque conquista fácilmente el reino de Nápoles y se corona como rey del territorio en febrero de 1495, lo cierto es que la Liga Santa lo acaba derrotando al mes siguiente. Esta alianza, fundada en 1511 y compuesta por el papa Alejandro VI, el duque de Milán Hércules Maximiliano Sforza, el rey de España Fernando II de Aragón (1452-1516) y el emperador germánico Maximiliano I (1459-1519), logra vencer al ejército francés.

En 1498, Luis XII (1462-1515) sucede a Carlos VIII. Entonces, se apropia de las reivindicaciones sobre el reino de Nápoles, aunque con una diferencia notable: también reclama el ducado de Milán. En efecto, Luis XII es el nieto de Valentina Visconti, hermana del último duque de Milán que nace de esta familia. El rey, que busca tomar posesión de la totalidad de su herencia, lanza en 1499 la segunda guerra de Italia (1499-1500), en la que acaba conquistando el ducado de Milán y, en 1500, se dirige hacia Nápoles.

El reino de Milán, que en ese momento está regido por la descendencia ilegítima de Alfonso V, también suscita el interés de Fernando II de Aragón, descendiente legítimo de este último. En ese momento, los dos reyes deciden colaborar para conquistar Nápoles. Sellan esta alianza en 1500, con la firma del Tratado de Granada (tratado de división del reino) y originan la tercera guerra de Italia (1501-1504). En 1501, conquistan el reino de Nápoles y Francia domina casi toda Italia, pero España, que pone punto final a una alianza impuesta por las circunstancias, reclama una parte de los territorios ocupados. En 1504, Luis XII capitula y, a través del Armisticio de Lyon, renuncia a Nápoles en favor de Fernando II de Aragón, que se convierte en rey de esas tierras.

Aunque el rey de Francia conserva el Milanesado, esta situación no dura demasiado: en 1512, durante la cuarta guerra de Italia (1508-1513), el papa Julio II, que se opone a la presencia francesa en Italia, lo reconquista gracias a la Liga Santa, que en ese momento está conformada entre otros por Venecia y España, a los que se sumarán en breve Inglaterra y Suiza. El conflicto finaliza con el Tratado de Dijon (firmado el 14 de septiembre de 1513), con el que Luis XII acepta renunciar al ducado de Milán en beneficio del joven Hércules Maximiliano Sforza.

LA QUINTA GUERRA DE ITALIA: HACIA UN CONFLICTO EUROPEO

El 1 de enero de 1515, Luis XII muere sin herederos directos, por lo que le sucede su primo Francisco I el 25 de enero de 1515. Este, que desea conquistar nuevos territorios en Italia y recuperar el Milanesado, tal y como hicieron sus predecesores, inicia rápidamente los preparativos de guerra. Para ello, aprovecha la organización que ha puesto a punto Luis XII, que proyectaba una nueva campaña en Italia en abril de 1515.

Por un millón de escudos de oro, el rey de Francia obtiene la neutralidad del rey de Inglaterra, Enrique VIII (1491-1547), con el objetivo de proteger sus fronteras situadas el norte del país. El 24 de marzo de 1515, Francisco I firma con el príncipe de Países Bajos, Carlos de Habsburgo (1500-1558), futuro Carlos I de España y V de Alemania, el Tratado de París, con el que el rey de Francia obtiene su respaldo. A continuación, recluta a lansquenetes alemanes, es decir, a mercenarios armados con arcabuces de gancho (armas de fuego portátiles cuyo cañón se apoya sobre una horca plantada en la tierra). Para acabar, el monarca obtiene el apoyo de Venecia el 5 de abril de 1515.

Francisco I también busca aliarse con los suizos, con los que inicia negociaciones en julio, sin éxito: en efecto, estos últimos se encargan de defender el ducado de Milán en nombre del duque Hércules Maximiliano Sforza, que aún es muy joven. El rey, deseoso de obtener lo que anhela, ordena a su tío, Carlos III (duque de Saboya, 1486-1553), que prosiga las negociaciones, pero no se llega a ninguna alianza por la influencia del cardenal suizo Mateo Schinner y por la predominancia de los cantones que se posicionan en contra de los franceses.

LOS ENEMIGOS DEL REY DE FRANCIA

El 16 de febrero de 1515, el papa León X (1475-1521) funda una nueva Liga Santa que reúne a los Estados pontificios, al Sacro Imperio romano germánico, a la corona de Aragón, a Suiza y a Milán, contra el sultán otomano Selim I (1470-1520). Francisco I decide no unirse a ellos porque esto podría suponer un obstáculo a la hora de reclamar los territorios italianos. No obstante, esta alianza solo es un acuerdo de principio. El emperador Maximiliano I, ocupado en el este de sus Estados, no aporta ninguna ayuda a Milán, la misma que Fernando II de Aragón. Lo mismo ocurre con la Santa Sede, que no interviene en consecuencia porque su comandante, Prospero Colonna (1452-1523), ha sido capturado antes de la batalla.

Por su parte, Hércules Maximiliano Sforza, duque de Milán, conocedor de las pretensiones de Francisco I, se prepara para enfrentarse a él. Su aliado, el papa León X, envía tropas al Piamonte y protege la ciudad de Plasencia (o Piacenza, en Italia), que le pertenecía. Los suizos, dirigidos por el cardenal de Sion, Mateo Schinner, también se preparan para la batalla. Entre mayo y agosto de 1515, más de 30 000 hombres se congregan en las dos principales desembocaduras alpinas que permiten el paso entre Francia e Italia. Así, liderados por los mejores generales, bloquean el acceso a la llanura del Po a sus enemigos.

Los soldados suizos son conocidos por su ferocidad y por ser prácticamente invencibles. Según Nicolás Maquiavelo (1469-1527), historiador y pensador político italiano, son los únicos que han conservado las instituciones militares de la Antigüedad. Usan el modo de combate de las falanges griegas (estructuras militares que contienen 5000 soldados) y la táctica romana. La infantería avanza, repartida en grandes batallones dispuestos en varias líneas. Los grupos se encuentran bastante cerca los unos de los otros para poder protegerse mutuamente. No obstante, están suficientemente separados para desplegarse en tiradores o para batirse en retirada. Al contrario que los franceses, no tienen caballería o artillería.

PROTAGONISTAS PRINCIPALES

FRANCISCO I, REY DE FRANCIA

Francisco I, rey de Francia, cuadro de Jean Clouet, c. 1530.

La batalla de Marignano es la primera hazaña guerrera del joven Francisco I, que acaba de cumplir 21 años. Aquel al que en seguida apodarán el «rey caballero» o el «rey guerrero» ha subido al trono de Francia recientemente y, en principio, jamás tendría que haberlo hecho. En efecto, Carlos VIII, uno de sus predecesores, muere accidentalmente cuando se dirigía a la pista de juego de palma, el 7 de abril de 1498. No deja herederos. Siguiendo el principio de la ley sálica, quien lo sucede es su primo Luis XII.

La ley sálica, instaurada por los francos (siglos V-VI), es un código civil y penal que recoge una regla que aparta a las mujeres de la sucesión mientras queden herederos varones, incluso si estos forman parte de una rama alejada de la dinastía reinante.

Luis XII se casa en primeras nupcias con Juana de Francia (también conocida como Juana de Valois, 1464-1505), con la que no tiene ningún hijo. En un segundo matrimonio, se une a Ana de Bretaña (1477-1514), unión de la que nacen solo hijas, ya que dos hijos mueren siendo niños todavía. En 1501, un tratado reserva la mano de la hija mayor del rey, Claudia de Francia (1499-1524), a Carlos de Habsburgo, el futuro Carlos I de España y V de Alemania. En 1514, en su lecho de muerte, Ana de Bretaña confía su hija Claudia a Luisa de Saboya (1476-1531), que se apresura a organizar el matrimonio de esta última con su hijo Francisco de Angulema, nacido de su unión con Carlos de Orleans (conde de Angulema, 1459-1496). Es el futuro Francisco I.

Mientras tanto, Luis XII, que ha decidido volver a casarse con el objetivo de tener por fin un heredero varón, se casa con una inglesa, María Tudor (1496-1533). Pero su salud se deteriora hasta el punto de que fallece a finales de 1514. En su agonía, confía sus vasallos al nuevo rey, Francisco I. La coronación del joven monarca se produce en Reims en enero de 1515, tres semanas después de la muerte de Luis XII.

Francisco I, figura fundamental de la batalla de Marignano, desempeña un papel clave en el conflicto. En efecto, es el instigador de la quinta guerra de Italia durante la que se desarrolla el combate. Cuando reivindica el ducado de Milán, reúne a las tropas y lleva a cabo alianzas para partir hacia Italia. Durante la batalla, lidera el segundo cuerpo del ejército, con 8000 soldados franceses, que se sitúa en el flanco derecho. Está presente en el campo de batalla —algo que no es común— y, aunque se coloca cerca de la artillería, lugar protegido, lo cierto es que participa en la batalla.

HÉRCULES MAXIMILIANO SFORZA, DUQUE DE MILÁN

Hércules Maximiliano Sforza es el hijo mayor de Ludovico Sforza el Moro (1452-1508), duque de Milán, y de Beatriz de Este (1475-1497). En 1500, Luis XII, rey de Francia, expulsa a su padre del ducado. Hércules Maximiliano Sforza debe su regreso al trono a los suizos y a la Liga Santa, creada por el papa Julio II. En efecto, en junio de 1512, la intervención de las tropas suizas permite echar a los franceses de Lombardía. Suiza, respaldada por un éxito que le otorga un lugar des-tacado entre las potencias europeas, impone a Hércules Maximiliano Sforza como duque de Milán.

Este último protege la ciudad de Milán con sus tropas durante la batalla de Marignano. Tras la derrota, se ve obligado a someterse a Francisco I. Entonces, se exilia en Francia, gracias a una renta anual de 35 000 escudos. Muere en París el 4 de junio de 1530.

BARTOLOMEO D'ALVIANO, JEFE DE GUERRA VENECIANO

Retrato de Bartolomeo d'Alviano, de Giovanni Bellini.

Bartolomeo d'Alviano, condotiero italiano y jefe de guerra, nace en 1455 en Alviano (Umbría) y ya desde su temprana juventud participa en contiendas. En 1507, se le moviliza para defender los intereses de la República de Venecia. Un año más tarde, se enfrenta al ejército imperial con éxito y conquista Trieste y Gorizia (Venecia), pero sufre una derrota estrepitosa en 1509 en Agnadello (Lombardía), cuando Luis XII derrota a Venecia tras una lucha que ocasiona entre 4000 y 6000 mil muertos. Los venecianos señalarán a Bartolomeo como culpable de estas pérdidas, ya que no habría esperado la autorización del comandante jefe Niccolò Orsini (1442-1510) antes de atacar. Es capturado por el francés Juan de Chabannes, llamado el Pequeño León (muerto en 1524) y pasa cuatro años en prisión. Es liberado tras la alianza que firman en 1513 Francia y Venecia contra el ducado de Milán.

Durante la batalla de Marignano, Bartolomeo d'Alviano desempeña un papel esencial en la victoria francesa. Cuando llega hacia las 8:00 del 14 de septiembre, trae consigo preciosos refuerzos, ya que sus hombres están descansados. Dan a la batalla un giro decisivo al atacar a los suizos.

Muere el 7 de octubre de 1515 durante el asedio de Brescia (Lombardía).

MATEO (MATTHÄUS) SCHINNER, CARDENAL SUIZO

Retrato de Mateo Schinner.

Mateo Schinner, nacido hacia 1465, es obispo de Sion y, más adelante, de Novara. El 22 de septiembre de 1511, el papa Julio II lo nombra cardenal y le atribuye un cargo eclesiástico en Wurzburgo (Baviera).

Schinner, que es un diplomático agudo y un astuto jefe de guerra, desempeña un papel político esencial en el marco de las guerras de Italia. A lo largo de toda su vida, reafirma su oposición a Francia y para ello convence a los confederados para que se alíen al papa Julio II. De hecho, las tropas suizas permiten expulsar de Italia a las tropas francesas durante las batallas de Rávena (1512) y de Novara (1513). En 1512, como legado del papa Julio II, lidera un ejército suizo y veneciano, repele a los franceses fuera de Milán y coloca sobre el trono ducal a Hércules Maximiliano Sforza. En agradecimiento de sus servicios, el papa lo nombra «liberador de Italia y protector de la Iglesia».

Durante la quinta guerra de Italia, Mateo Schinner dirige las tropas suizas contra Francisco I. No obstante, debe enfrentarse a la división de su ejército tras el Tratado de Gallarate (el 8 de septiembre de 1515), firmado por una parte de los capitanes suizos, que busca la paz a cambio del pago de un millón de coronas a los confederados. Pero no todos están de acuerdo con esta decisión y el cardenal, que desea entrar en combate, ordena el ataque suizo el 13 de septiembre de 1515.

Tras la derrota de Marignano, Mateo Schinner se ve obligado a huir y se instala en Zurich. No obstante, mantiene su influencia y se convierte en consejero de Carlos I de España. En 1521, participa en la batalla que enfrenta este último a Francisco I, tras la que logra retomar el control del Milanesado en nombre del emperador. Muere en Roma un año más tarde.

ANÁLISIS DE LA BATALLA

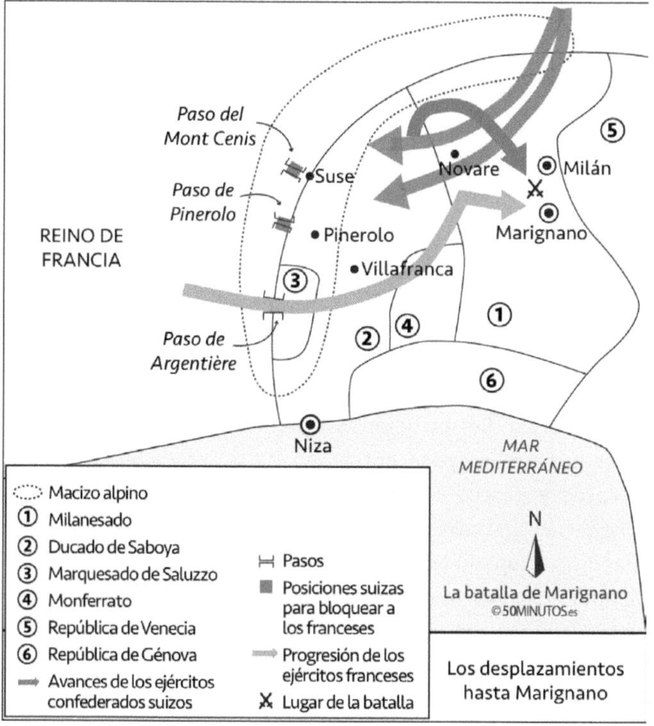

LA TRAVESÍA DE LOS ALPES

Francisco I inicia su nueva campaña de Italia en agosto de 1515, a la cabeza de un ejército compuesto por unos 30 000 soldados y diez mil jinetes, y también por numerosos caballeros, entre los que se encuentra Pierre Terrail (1476-1524), llamado el caballero Bayard, Claudio I de Lorena (o de Guisa) (1496-1550) o el condestable de Francia (jefe de los ejércitos) Carlos III (1490-1527), duque de Borbón.

En seguida, los suizos reaccionan a la amenaza francesa: la Dieta (asamblea de los representantes de los cantones suizos) envía a 8500 hombres hacia Novara para unirse a Mateo Schinner. Este lugar es estratégico: les permite bloquear el acceso de los franceses a Italia, ya que dominan los principales pasos alpinos, en Susa y en Pignerolo. Por su parte, el papa Alejandro VI envía al comandante italiano Prospero Colonna y a sus tropas. Así, cerca de 20 000 hombres preparados para luchar esperan la llegada de las tropas francesas.

Francisco I se da cuenta rápidamente de la situación: no puede forzar las posiciones defendidas por los suizos, y bajar hasta Niza para entrar en Italia provocaría grandes retrasos y gastos considerables. Finalmente, se opta por otra solución: unos montañeses informan al mariscal Gian Giacomo Trivulzio (1440-1518) de la existencia de profundos desfiladeros que le permiten llegar a Italia. El paso, que en origen apenas era practicable, se abre a finales de julio de 1515 gracias al trabajo de 3000 zapadores.

Entre el 13 y el 15 de agosto, los franceses avanzan por un nuevo paso, el de Argentière (Colle della Maddalena en italiano), que desemboca en el marquesado de Saluzzo. Cerca de 50 000 hombres (soldados, pero también otros personajes como cocineros, médicos y servidores que acompañan al ejército) cruzan discretamente los Alpes, lo que constituye una verdadera proeza para una expedición de estas características. De esta manera, los suizos, que creen que dominan la situación, se ven sorprendidos en la retaguardia por las tropas francesas.

En la noche del 13 de agosto, el caballero Bayard y Jacques II de Chabannes (1470-1525), llamado Jacques de la Palice, deciden enfrentarse a la caballería enemiga. Con 500 hombres, atacan las tropas papales suizas y un contingente español. Durante esta batalla, en Villafranca, Jacques II de Chabannes captura a Prospero Colonna y a sus tropas, lo que sorprende a los suizos y al papa Alejandro VI. Entonces, el grueso del ejército suizo se retira a Milán, poniendo en práctica la política de tierra quemada, es decir, destruyendo sistemáticamente las cosechas y los bienes que se encuentran a su paso.

El 30 de agosto, las tropas francesas convergen en Novara. Por su parte, los confederados están repartidos entre Varese, Monza y Domodossola, y obtienen el apoyo de la guardia milanesa.

UNA ÚLTIMA TENTATIVA DE PAZ

Durante todo el mes de agosto, Francisco I negocia con los suizos para evitar la contienda. Así, les ofrece numerosas concesiones para que renuncien a sus pretensiones sobre el Milanesado. Esto deriva en la firma del Tratado de Gallarate, el 8 de septiembre, que marca la salida de una parte del ejército suizo, cansado de la guerra y con ganas de volver a casa con el botín acumulado tras varios años de campañas exitosas: en ese momento, 10 000 confederados abandonan el campo de batalla. Por otra parte, el rey de Francia entabla negociaciones con el papa Alejandro VI, a espaldas de los confederados.

Tras estas negociaciones, Francisco I avanza en el Milanesado sin problemas. Se apropia de Novara, de Pavía, de Vigevano y establece su campo en Marignano, veinte kilómetros al sureste de Milán. Ahí, unos 30 000 soldados franceses, fuertemente armados, se enfrentan a los 20 000 confederados que han decidido quedarse para defender la ciudad. Estos cuentan con ocho cañones y 1000 arcabuceros.

Sin embargo, en la víspera del conflicto, el ejército francés no se prepara para el combate, ya que está convencido de que podrá evitar luchar. Así, las tropas se instalan simplemente para pasar la noche, antes de seguir su progresión hacia Milán. Actualmente, los historiadores estiman que los franceses planeaban llevar a cabo una guerra de asedio: en efecto, los cañones que tienen son menos eficaces en un campo de batalla que durante el ataque a una ciudad. Esto tendrá consecuencias nefastas, ya que se encontrarán con algunas dificultades durante la primera parte de la batalla por su falta de organización y preparación para el combate. Por lo tanto, para ser más eficaces, tendrán que desplazar las tropas y la artillería.

TROPAS DECIDIDAS

En vista de la influencia que tiene el Tratado de Gallarate sobre las tropas suizas, el cardenal Mateo Schinner tiene motivos para temer una deserción de las tropas confederadas incluso antes de iniciar el combate contra Francia. Así, el 13 de septiembre pronuncia un discurso incendiario contra los franceses delante del convento de los Cordeleros, en

Milán, y ordena a sus tropas que presenten batalla mediante astucias. Seguirán este consejo al pie de la letra.

Las tropas de los confederados suizos se reparten en tres cuerpos:

- la primera línea cumple la función de informar al comandante acerca de la posición y de la intención del enemigo, y también debe iniciar el conflicto. Los miembros de este cuerpo son «niños perdidos» (*verlorene Kind*) mayoritariamente, es decir, voluntarios que forman una tropa de élite. A menudo son crueles y van armados con ballestas o arcabuces;
- por su parte, el cuerpo del ejército está conformado por piqueros dispuestos en cuadro (el término empleado en la época para designar esta posición es «en reducto»). Los soldados de las nueve primeras filas cuentan con los alabarderos y los arcabuceros situados en el exterior para garantizar su protección. Solo la primera línea lleva cascos y armaduras. Sus picas miden 18 pies de largo (es decir, unos 587 centímetros), con un hierro con cuatro filos al final;
- para acabar, la retaguardia cuenta con otros arcabuceros que están preparados para entrar en acción.

El ejército francés, compuesto por unos 30 000 hombres, está repartido en tres divisiones:

- la primera línea queda al cargo del condestable de Francia, Carlos III, duque de Borbón. Este es responsable de la artillería y de 72 cañones que se encuentran por delante y a la derecha del ejército;

- el rey de Francia, Francisco I, gestiona el grueso de las tropas, es decir, 8000 soldados franceses —el resto del ejército, más de 22 000 hombres, son lansquenetes (mercenarios alemanes al servicio de Francia y del Imperio entre los siglos XV y XVII)—. Están situados ligeramente por detrás del flanco derecho;
- para acabar, Carlos IV de Valois, duque de Alenzón (1489-1525), dirige la retaguardia, compuesta por la caballería. Esta se sitúa a la izquierda y por detrás del ejército.

Cada división cuenta con una parte de la infantería (a las órdenes del español Pedro Navarro, 1460-1528), de la caballería (2500 hombres fuertemente armados, dirigidos por Carlos III, condestable de Borbón, y por Claudio de Lorena) y de la artillería. Delante de las tropas que el propio rey dirige se disponen los 72 cañones, custodiados por los lansquenetes. A las órdenes del rey se encuentran el caballero Bayard, Pierre du Terrail y sus soldados, famosos lanceros. Por su parte, los venecianos bajo el mando de Bartolomeo d'Alviano, acampan en Lodi, cerca de los franceses.

El campo de batalla es una llanura agraria, con sus viñas y sus cultivos. A la derecha, el antiguo canal romano de la Vettabbia marca el límite y a la izquierda, el río Lambro. Los confederados se ven entorpecidos por canales en su camino hacia los franceses y, tras estos fosos, se instalan las armas de fuego francesas.

UN ATAQUE SORPRENDENTE

Hacia las 15:00, con un calor asfixiante, los suizos inician el combate por sorpresa contra el ejército de Francisco I.

Dos oficiales franceses, Luis II de la Trémoille (1460-1525) y Roberto III de la Marck (1491-1536), llamado Fleuranges, avistan rápidamente a las tropas suizas e informan al rey y al condestable de Borbón. Entonces, los hombres franceses se organizan y se preparan para enfrentarse a los confederados suizos.

Un cuadro de 7000 soldados suizos logra dispersar a la caballería francesa e intenta tomar la artillería, respaldada por el condestable de Borbón. Los cañones franceses replican y apuntan hacia los confederados al azar, creando brechas por donde aprovecha para entrar la caballería. Las bajas son numerosas. La caballería del condestable de Borbón se lanza a su vez contraatacando el flanco suizo. Los piqueros reaccionan, tiran a los caballeros franceses y los rematan a golpe de alabarda (arma que tiene forma de bastón, con una pica y una especie de hacha de hierro al final).

Mientras tanto, algunos confederados avanzan hacia las montañas y los cañones franceses. El rey de Francia, que es informado de los problemas a los que se enfrenta la artillería, ordena un ataque generalizado: el combate, extremadamente violento, dura hasta la noche. Hacia las 23:00, la oscuridad ya no permite distinguir a aliados de enemigos, por lo que cesan los enfrentamientos. En efecto, tambores y trompetas llaman a que las tropas se reúnan, tras seis horas de enfrentamientos que se han desarrollado en medio de la confusión: el polvo y la humareda de los cañones han reducido en gran medida la visibilidad y, por consiguiente, se han creado contiendas dentro de un mismo bando. Durante la noche, los hombres se reúnen y se cura a los heridos. También se encienden hogueras para identificar las posiciones de cada bando.

UNA INTERVENCIÓN DECISIVA

En la mañana del día siguiente se reanudan los combates. La artillería francesa, liderada por el senescal de Armagnac, Jacques Ricard de Genouillac (1465-1546), causa estragos, pero no logra frenar el avance suizo. Dirigida por el duque Carlos IV de Alenzón, el ala izquierda del ejército francés cede, al igual que los lansquenetes. Pero los cañones, que se han desplazado durante la noche, ahora están mejor situados y gozan de una mayor protección, por lo que generan muchos daños en las tropas suizas. Sin embargo, los confederados continúan con su progresión.

Cuando parece que los suizos se alzarán con la victoria, de

repente, hacia las 8:00, 15 000 hombres a las órdenes de Bartolomeo d'Alviano llegan al campo de batalla para socorrer a las tropas francesas, extenuadas por un combate tan largo. Los refuerzos atacan el ala suiza y toman por detrás al ejército helvético. Los que intentan escapar son alcanzados por la caballería y asesinados.

Francisco I cargando contra los mercenarios suizos en la batalla de Marignano, cuadro de Noël Bellemare, c. 1529-1530.

Hacia el mediodía, el rey de Francia y sus aliados venecianos toman la delantera sobre los suizos y sobre el duque de Milán, Hércules Maximiliano Sforza. Estos últimos se baten en retirada hacia Milán, llevándose con ellos catorce estandartes enemigos, además de sus heridos. Se ha ganado la batalla.

La leyenda cuenta que el rey de Francia es ordenado caballero el mismo día a manos del señor Pierre Terrail, caballero de Bayard, pero no existen pruebas de ello.

La cifra de víctimas es muy elevada en ambos bandos: en total, se producen 16 500 muertos, de los que 13 000 son suizos. Sin embargo, en este saldo no se incluye a los hombres que pierden la vida en su camino hacia Milán, ni a los soldados que mueren a consecuencia de sus heridas en los meses siguientes. Entre este número de muertes, encontramos a la mayoría de los jefes de guerra.

REPERCUSIONES

UNA NUEVA SITUACIÓN

La batalla por sí sola no resuelve el conflicto: los suizos y el duque de Milán no capitulan, por lo que el ducado todavía no pasa a manos de Francisco I. Sin embargo, la situación mejora para los franceses con el papa León X (1475-1521), que desempeña un papel determinante en el desenlace de la batalla posicionándose a favor de Francisco I. Gracias al aura del pontífice, los principados italianos van aceptando progresivamente la presencia francesa y algunos incluso se vuelven contra los suizos, que todavía están presentes, lo que anuncia el fin del poder suizo en el norte de Italia.

El 4 de octubre de 1515, Hércules Maximiliano Sforza, que hasta entonces se ha atrincherado en su castillo de Milán, va hasta Pavía para someterse al rey de Francia. Le cede sus derechos sobre el Milanesado a cambio de una cantidad importante y de una renta anual. También exige que sus súbditos sean tratados correctamente por el ocupante francés. El 13 de octubre de 1515, León X renuncia a Parma y a Plasencia en el Tratado de Viterbo. Además, reconoce al rey de Francia como duque de Milán, de Parma y de Plasencia. El 16 de octubre, Francisco I entra en Milán.

El 7 de noviembre de 1515, el Tratado de Génova especifica que Suiza pone al servicio de Francia a sus mercenarios. El 29 de noviembre de 1516, suizos y franceses se convierten en aliados perpetuos gracias al Tratado de Friburgo. Esta alianza será efectiva hasta el final de la monarquía en

Francia, es decir, hasta 1792.

Sin embargo, el paso francés por Italia será breve. En efecto, en 1521, Carlos I expulsa a los franceses de Milán, territorio que confía de nuevo a los Sforza, dejando que acceda al poder Francisco II María Sforza (1495-1535). Este último muere sin herederos y, como consecuencia, la nobleza milanesa otorga el ducado a Carlos I.

Unos años antes, los franceses atacan de nuevo Italia durante la batalla de Pavía, que se salda con una derrota humillante para estos. Con los Tratados de Madrid y de Cambrai, Francisco I renuncia a Italia ya a partir del año siguiente, territorio que pasa entonces a manos imperiales. Así, diez años después de la batalla de Marignano, Francia ha perdido todas sus posesiones italianas.

¿SABÍAS QUE...?

El 24 de febrero de 1515, Francisco I, junto a un ejército de 28 000 hombres, asedia la ciudad de Pavía, que se encuentra en manos del Sacro Imperio romano germánico. La guardia, que solo cuenta con 60 000 hombres, está en una posición complicada hasta la llegada de refuerzos del ejército imperial dirigidos por el marqués de Pescara Fernando de Ávalos (1489-1525). Los franceses logran rodear a 23 000 hombres que componen las tropas del marqués cuando, de repente, surgen 1500 arcabuceros españoles. Estos abren fuego sobre la retaguardia de la caballería francesa y provocan una auténtica hecatombe en las infanterías francesa y suiza, que por aquel entonces están aliadas. Los ataques franceses que siguen después son desbaratados por los españoles, que exterminan literalmente a las tropas enemigas. Francisco I, herido, es hecho prisionero en España y sus mejores capitanes son asesinados.

Italia todavía verá cómo se enfrentan Francia y el Sacro Imperio romano germánico a partir de 1536. Pero la Paz de Cateau-Cambrésis que en 1559 firman Enrique II (1519-1559) y Carlos I marca el abandono definitivo de las pretensiones francesas en Italia.

NUEVA RELACIÓN CON EL PAPADO

La batalla de Marignano no solo transforma en profundidad la relación de fuerzas entre las distintas potencias europeas presentes, sino que también cambia para siempre el trato entre Francia y la Santa Sede. Con el Tratado de Viterbo (1515), el papa León X renuncia a varias de sus posesiones para dárselas a Francisco I, que nombra a Carlos III de Borbón virrey del Milanesado. A cambio, el rey se compromete a proteger el Estado pontificio y a no implicarse en el proyecto papal de atacar el ducado de Urbino. Se trata de un momento decisivo de las relaciones entre el papado y el monarca.

En agosto de 1516, el Concordato de Bolonia otorga a Francisco I el control casi exclusivo del clero francés. Entonces, el rey de Francia decide renunciar a la Pragmática Sanción de Bourges, que crea Carlos VII (1403-1461) en 1438.

De esta manera, inicia un giro decisivo en las relaciones entre Francia y el papado. Se reconoce la supremacía del papa sobre los concilios, pero el concordato afirma que el rey tiene el derecho de nombrar a los titulares de las sedes eclesiásticas en su reino. Además, el papa otorga al rey de Francia el título de «Hijo mayor de la Iglesia». Para acabar, la diplomacia se ve respaldada por una política matrimonial que une a Francia y al papado: una princesa de sangre real, Magdalena de la Tour de Auvernia (1498-1519), se casa con Lorenzo II de Médicis (1498-1519), sobrino del papa. Lorenzo muere en 1519, pero la hija de esa unión, Catalina de Médicis (1519-1589), se convertirá en reina de Francia.

¿Sabías que...?

La Pragmática Sanción es una ordenanza publicada el 7 de julio de 1438 durante el reinado de Carlos VII en Bourges. Este texto estipula que el rey es el guardián de los derechos de la Iglesia de Francia y limita las prerrogativas del papa. Se crean jurisdicciones con el objetivo de acotar las llamadas onerosas a Roma. Así, la Iglesia de Francia adquiere una gran autonomía y el Estado se dirige hacia el galicanismo.

Luis XI (1423-1483) abole el texto en 1461, pero el rey lo restablece tres años después para protestar por los excesos de la política pontificia, para abolirla de nuevo en 1467. En 1472, el papa Sixto IV (1414-1484) recupera algunos derechos a cambio de un apoyo diplomático en las guerras italianas. El Concilio galicano de Orleans restaura la Pragmática Sanción en 1478, aunque no lo

afirma claramente. La renuncia de Francisco I en 1516
será definitiva.

UNA RENOVACIÓN CULTURAL INNEGABLE

Tras su triunfo, Francisco I vuelve a Francia e invita a su corte
a Leonardo da Vinci (artista y erudito italiano, 1452-1519),
que todavía no ha alcanzado la fama. Así, la campaña militar en Italia abre Francia al Renacimiento italiano.

En efecto, Francisco I, auténtico defensor de las artes, desarrolla a lo largo de su reinado una política de mecenazgo
favorable a la difusión del Renacimiento italiano en Francia.
En 1516, instala a Leonardo da Vinci en la mansión de Cloux,
actual castillo de Clos-Lucé. Cabe destacar que el artista
italiano presenta ante el rey los planos de un castillo ideal y
este, estupefacto, se da cuenta de la genialidad del hombre.
El monarca también trae a Francia las obras de maestros
italianos como Rafael (1483-1520), Miguel Ángel (1475-1564)
o Tiziano (1488-1576).

De esta manera, a principios del siglo XVI, una parte de la
clase dirigente francesa descubre Italia a través de sus ar-
tistas. A esto le sigue una moda italianizante que origina un
Renacimiento francés total por la auténtica renovación que
aporta a las artes y a la arquitectura.

Hacia la mitad del siglo, es decir, mucho después de la
batalla de Marignano, el movimiento alcanza la élite inte-
lectual francesa que, a su vez, asimila la cultura clásica y
adopta formas literarias inspiradas en las letras griegas y

latinas, pero también en el Alto Renacimiento italiano. Este entusiasmo se ve reforzado cuando Francisco I, deseoso de crear un nuevo arte francés que pueda rivalizar con el arte italiano, instiga el nacimiento de un centro artístico mundialmente reconocido en Fontainebleau.

Además, desde que vuelve a Francia, el monarca —que admira la arquitectura italiana, caracterizada por el regreso a un canon de belleza antiguo (regularidad y simetría) y por motivos decorativos propios— inicia el proyecto de construir nuevos castillos y de transformar los edificios que ya existen a imagen de lo que ha visto en Italia, dando lugar al paso entre arquitectura gótica y clásica. De esta manera nacen o se remodelan los castillos de Chambord, Amboise, Fontainebleau, Blois o Villers-Cotterêts en unas obras que se extenderán hasta finales de siglo.

UNA BATALLA SIMBÓLICA A VARIOS NIVELES

A nivel militar

La batalla de Marignano marca la victoria de la artillería y el inicio de la era militar moderna. A partir de ese momento, hay más armas que soldados y la artillería desempeña un papel decisivo en el resultado final.

A nivel político

Para Francisco I, la batalla de Marignano es la primera gran victoria que alcanza como rey de Francia. La batalla resulta decisiva para su reputación en la península italiana y en Europa, pero también por la situación geográfica. Por una parte, la victoria sobre los suizos equivale a una victoria sobre tropas que tienen la reputación de ser invencibles. Por otra, Francia obtiene un lugar destacado en Italia, mientras que los helvecios pierden definitivamente su influencia sobre el ducado de Milán.

De hecho, esta batalla se usa constantemente para legitimar al joven rey. La historia se reescribe en varias ocasiones bajo el reinado de Francisco I para imponer mejor su autoridad, en primer lugar, y para mantener la imagen de un rey vencedor, conquistador y valiente ante la población —cuando la realidad es bien distinta, como demostrará la debacle de Pavía unos años más tarde—.

Para ilustrar la propaganda que se genera tras Marignano, cabe mencionar las medallas acuñadas para celebrar la victoria francesa, en las que Francisco I aparece asociado al hombre de Estado romano Julio César (100-44 a. C.), que también derrota a los helvecios. También se puede leer *Franciscus Rex Francorum Primus Domitor Elvetiorum* («Francisco, rey de los franceses, primer dominador de los helvecios»). Por otra parte, se compara al monarca francés con el general y hombre de Estado cartaginés Aníbal (247-183 a. C.) cruzando los Alpes.

Por el lado suizo, la situación es distinta: la batalla es más bien sinónimo de tratado de neutralidad. En efecto, esta derrota atenúa la diligencia militar y el entusiasmo suizo con respecto a la guerra.

A nivel religioso

Además, la batalla de Marignano también encierra un aspecto religioso: los historiadores de la época justifican el enfrentamiento como una decisión de Dios. Por otra parte, el 14 de septiembre se celebra la fiesta de la Santa Cruz, algo que muchos interpretan como que Dios ha elegido a Francisco I para expulsar a los suizos y restablecer la autoridad pontificia, con lo que se va dibujando progresivamente la imagen del rey caballero. En diciembre de 1515, a cambio del abandono de la Pragmática Sanción por parte de Francia, León X imagina de esta manera una cruzada de los príncipes cristianos liderada por el rey de Francia.

EN RESUMEN

1494
Sept.: primera guerra de Italia

1515
25 en.: llegada al trono de Francisco I
Ag.: inicio de la quinta campaña de Italia
8 sept.: Tratado de Gallarate
13-14 sept.: batalla de Marignano
13 oct.: Francisco I se convierte en duque de Milán, de Parma y de Plasencia

1516
29 nov.: Tratado de Friburgo

1559
Final de las guerras de Italia

La batalla de Marignano © 50MINUTOS.es

- En agosto de 1515, el rey de Francia, Francisco I, pone la mira sobre el Milanesado, territorio que considera que le pertenece. Por consiguiente, prepara a sus tropas para entrar en Italia y reconquistar el ducado de Milán, que se encuentra en manos de Hércules Maximiliano Sforza.
- Los esperan 20 000 soldados suizos, obligándolos a

transitar por un paso mucho más estrecho, el Paso de Argentière. Más de 50 000 hombres cruzan los Alpes.

- Durante todo el mes de agosto, Francisco I negocia con los suizos para evitar la batalla. Así, el 8 de septiembre se firma el Tratado de Gallarate, que divide a los confederados: muchos soldados vuelven a sus casas, satisfechos por las compensaciones que ofrece el rey a cambio de la paz.
- El cardenal Mateo Schinner, alarmado por estas deserciones, incita al resto de las tropas a luchar contra el enemigo y ordena lanzar un ataque por medio del ardid.
- El 13 de septiembre, hacia las 15:00, los confederados atacan a los franceses por sorpresa. Las tropas francesas, desconcertadas, contraatacan gracias a su artillería, causando grandes pérdidas entre los confederados.
- Frente a las dificultades que experimenta la artillería, Francisco I ordena un ataque generalizado.
- Hacia las 23:00, la oscuridad que se abate sobre el campo de batalla provoca el cese de los combates.
- A la mañana del día siguiente, se retoma la batalla: los franceses van perdiendo fuerzas progresivamente y los suizos piensan que se van a alzar con el triunfo. De repente, Bartolomeo d'Alviano y sus 15 000 hombres llegan al campo de batalla para socorrer a las tropas francesas.
- Hacia mediodía, el rey de Francia y sus aliados toman ventaja sobre los suizos y los milaneses. El triunfo es suyo.
- A pesar de que la batalla no ha durado más que unas horas, las repercusiones son enormes:
  - el duque de Milán y el papa León X reconocen la victoria de Francisco I, que se convierte en duque de Milán, de Parma y de Plasencia;

- ◦ los suizos y los franceses firman un tratado de alianza perpetua tras la batalla;
- ◦ los franceses descubren el arte italiano y se abren poco a poco al Renacimiento;
- ◦ para terminar, la batalla, que ha mostrado la superioridad de la artillería sobre los hombres, marca el inicio de la era militar moderna.

¡Tu opinión nos interesa!
¡Deja un comentario en la página web de tu librería en línea,
y comparte tus favoritos en las redes sociales!

PARA IR MÁS ALLÁ

FUENTES BIBLIOGRÁFICAS

- Balard, Michel. "Les Sforza". *Encyclopaedia Universalis*. Consultado el 10 de mayo de 2017. http://www.universalis.fr/encyclopedie/les-sforza/
- Ben Khemis, Anne. "Salique Loi". *Encyclopaedia Universalis*. Consultado el 10 de mayo de 2017. http://www.universalis.fr/encyclopedie/loi-salique/
- Benzoni, Gino. 2008. "Massimiliano Sforza, duca di Milano". *Dizionario biografico degli italiani*, vol. 71. Roma: Istituto della Enciclopedia Italiana.
- Catholic Encyclopedia. 1913. "Matthaeus Schinner". *Catholic Encyclopedia*. Nueva York: Robert Appleton Company.
- Catholic Hierarchy. "Matthäus Cardinal Schinner". *The Hierarchy of the Catholic Church*. Consultado el 10 de mayo de 2017. http://www.catholic-hierarchy.org/bishop/bschin.html
- de Weck, Hervé. 2015. "Marignan, bataille de". *Dictionnaire historique de la Suisse*. 17 de agosto. Consultado el 10 de mayo de 2017. http://www.hls-dhs-dss.ch/textes/f/F8896.php
- Degols, Renaud. 2005. *Encyclopédie de l'Histoire de France. Renaissance et Grand Siècle*. París: TXT Éditions.
- Encyclopédie Larousse, "Léonard de Vinci". Consultado el 10 de mayo de 2017. http://www.larousse.fr/encyclopedie/personnage/L%C3%A9onard_de_Vinci/129493
- Favier, Jean. "Pragmatique Sanction (1438)".

Encyclopaedia Universalis. Consultado el 10 de mayo de 2017. http://www.universalis.fr/encyclopedie/pragmatique-sanction/

- Fournel, Jean-Louis y Jean-Claude Zancarini. 2003. *Les guerres d'Italie, des batailles pour l'Europe*. París: Gallimard.
- Guillaume, Jean. "Renaissance française, arts". *Encyclopédie Universalis*. Consultado el 10 de mayo de 2017. http://www.universalis.fr/encyclopedie/renaissance-francaise-arts/
- Hélie, Jérôme. 2003. "L'enjeu italien". *Petit atlas historique des temps modernes*, 38-41. París: Armand Colin.
- Houdry, Philippe y Gilles Houdry. 1999. *La bataille de Marignan en 1515*. Consultado el 10 de mayo de 2017. http://philippe.houdry.free.fr/Eprints/BatailleMarignan1515_FRE.pdf
- L'Histoire de France. "François Ier". *L'Histoire de France*. Consultado el 10 de mayo de 2017. http://www.histoire-france.net/temps/francois-ier
- Le Fur, Didier. 2012. Entrevista con Franck Ferrand. *Au cœur de l'histoire*, Europe I. Consultado el 10 de mayo de 2017. http://www.europe1.fr/MediaCenter/Emissions/Au-coeur-de-l-histoire/Sons/L-INTEGRALE-La-bataille-de-Marignan-1114973/
- Le Fur, Didier. Entrevista con Christophe Dickès. "Marignan: la bataille inconnue". *Un jour dans l'histoire*. Canal Académie, 2005. Consultado el 10 de mayo de 2017. http://www.canalacademie.com/emissions/hist008.mp3
- Le Pautremat, Pascal. "Marignan bataille de (13-14 sept.

1515)". *Encyclopaedia Universalis*. Consultado el 10 de mayo de 2017. http://www.universalis.fr/encyclopedie/bataille-de-marignan/

- Miranda, Salvador. "Schiner, Matthäus (ca. 1465-1522)". *The cardinals of the holy roman church, biographical dictionary. Pope Julius II (1503-1513)*. Consultado el 10 de mayo de 2017. http://www2.fiu.edu/~mirandas/bios1511.htm#Schiner
- Niderost, Eric. 2007. "The Swiss defeat at the battle of Marignano". *Niderost*. 6 de abril. Consultado el 10 de mayo de 2017. http://www.niderost.com/pages/Battle_of_Marignano.htm
- Stüssi-Lauterburg, Jürg. 2009. "Bataille 1515". *Marignano 1515*. 27 de mayo. Consultado el 10 de mayo de 2017. http://www.marignano1515.ch/index.php?option=-com_content&view=article&id=71&Itemid=285&lang=fr
- Vissière, Laurent. 2000. "Louis II de la Trémoille ou la découverte de l'Italie (1480-1525). Etude historique et édition de correspondance". *Thèses de l'École nationale des chartes*. Consultado el 10 de mayo de 2017. http://theses.enc.sorbonne.fr/2000/vissiere
- Walter, François. 1995. "Marignan 1515. Traces de la mémoire d'une bataille de géants". *Des archives à la mémoire. Mélanges d'histoire politique, religieuse et sociale offerts à Louis Binz*, 477-503. Ginebra: Société d'Histoire et d'Archéologie de Genève.

FUENTES COMPLEMENTARIAS

- Arnold, Thomas F. 2002. *Les guerres de la Renaissance XVe-XVIe siècles*. París: Autrement.

- Basalmo, Jean. 1998. *Passer les monts: français en Italie – l'Italie en France*. París-Florencia: Champion et Cadmo.
- Bischof, Franz Xaver. 1995. "Matthäus Schiner". *Biographisch-Bibliographisches Kirchenlexikon (BBKL)*. Herzberg: Band 9.
- Bodin, Jérôme. 1988. *Les suisses au service de la France, de Louis XI à la Légion Étrangère*. París: Albin Michel.
- Boillet, Danielle y Marie-Françoise Piejus. 2002. *Les guerres d'Italie: histoires, pratiques, representations*. París: Université de Paris III Sorbonne Nouvelle.
- Bourre, Jean-Paul. 1999. *Les lansquenets: un combat pour l'Empire*. París: Éditions Dualpha.
- Chambon, Pascal. 2012. "La bataille des géants: Marignan 13 et 14 septembre 1515". *Champs de bataille*, n.º 43, 38-52. Diciembre-enero.
- Corbin, Alain. 2005. *1515 et les grandes dates de l'histoire de France*. París: Seuil.
- Crouzet, Denis. 2003. *Charles de Bourbon, connétable de France*. París: Fayard.
- Delumeau, Jean. 1994. *L'Italie de la Renaissance à la fin du XVIIIe siècle*. París: Armand Colin.
- Dictionnaire historique de la Suisse. "Marignan, bataille de". *Dictionnaire historique de la Suisse*, vol. 8, 269-271. Bâle: Hauterive.
- Guichardin, François. 1738. *Histoire des guerres d'Italie 1490-1534*, 3 tomos. Londres: P. & I. Vaillant.
- Heers, Jacques. 2009. *L'histoire oubliée des guerres d'Italie*. Versalles: Via Romana.
- Henninger, Laurent. 1991. *Les grandes batailles de l'histoire. Marignan, 1515*. París: Socomer Éditions.
- Jacquard, Jean. 1987. *Bayard*. París: Fayard.

- Jacquard, Jean. 1981. *François Ier*. París: Fayard.
- Le Clech, Sylvie. 2006. *François Ier. Le Roi-Chevalier*. París: Tallandier.
- Le Fur, Didier. 2004. *Marignan: 13-14 septembre 1515*. París: Perrin.
- Lot, Ferdinand. 1962. *Recherches sur les effectifs des armées françaises des guerres d'Italie aux guerres de Religion*. París.
- Rendina, Claudio. 1994. *I capitani di ventura*. Roma: Newton & Compton.
- Schaufelberger, Walter. 1993. "Marignan. La conduite militaire chez les anciens confédérés". *Revue Militaire Suisse*, año 138, n.º 11, 36-40. Noviembre.
- Schmidt, Hans-Joachim. 2008. "Le défi européen des suisses. Confrontations et coopérations vers l'an 1500". En *L'architettura militare nell'età di Leonardo*. Editado por Marino Vigano. Bellinzona: Casagrande. En especial, "Marignano et le repli suisse (1515)", 126-128.
- Tarr, Russell. 2001. "What caused the Italian Wars of 1494-1516?". *History Review*, 38, 33-37. Marzo.
- Vissière, Laurent. 2008. "Sans poinct sortir hors de l'orniere". *Louis II de La Trémoille (1460-1525)*. París: Éditions Honoré Champion.

FUENTES ICONOGRÁFICAS

- *Francisco I, rey de Francia*, cuadro de Jean Clouet, c. 1530. La imagen reproducida está libre de derechos.
- Retrato de Bartolomeo d'Alviano, de Giovanni Bellini. La imagen reproducida está libre de derechos.
- Retrato de Mateo Schinner. La imagen reproducida está

libre de derechos.

* *Francisco I cargando contra los mercenarios suizos en la batalla de Marignano, cuadro de Noël Bellemare, c. 1529-1530*. La imagen reproducida está libre de derechos.

PELÍCULA Y DOCUMENTAL

* *Secrets d'histoire: François Ier, le roi des rois*· Presentado por Stéphane Bern. Francia: 2011·
* *Un jour dans l'histoire. Marignan: la bataille inconnue*. Presentado por Christophe Dickès, con el historiador Didier Le Fur. Francia: Radio Canal Académie, 2005.

MUSEOS Y EDIFICIOS CONMEMORATIVOS

* Bontemps, Pierre. Siglo XVI. Bajorrelieve de la batalla de Marignano en la tumba de Francisco I, en Saint-Denis (Francia).
* Osario Santa Maria della Neve, en Mezzano (Italia).

en50MINUTOS.es
Historia
Economía y empresa
Coaching
Book Review
Salud y bienestar
EL DIAGRAMA DE ISHIKAWA
LA GUERRA DE PALESTINA DE 1948
DOMINA EL ARTE DEL NETWORKING
¡APRENDER NUNCA ANTES FUE TAN RÁPIDO!
www.en50minutos.es

www.en50Minutos.es

ISBN ebook: 9782806293565

ISBN papel: 9782806293572

Depósito legal: D/2017/12603/56

Libro realizado por Primento, el socio digital de los editores